Monstruos Matemáticos™

USAR COMPUTADORAS

Una máquina con ratón

**Basado en la serie de televisión pública
Math Monsters™, desarrollada en colaboración con el Consejo
Nacional de Maestros de Matemáticas (NCTM).**

por John Burstein

Consultora de lectura: Susan Nations, M. Ed., autora/tutora de alfabetización/consultora
Consultores curriculares de matemáticas: Marti Wolfe, M.Ed., maestro/conferenciante;
Kristi Hardi-Gilson, B.A., maestra/conferenciante

WEEKLY (WR) READER®
EARLY LEARNING LIBRARY

Please visit our web site at: **www.earlyliteracy.cc**
For a free color catalog describing Weekly Reader® Early Learning Library's list
of high-quality books, call 1-877-445-5824 (USA) or 1-800-387-3178 (Canada).
Weekly Reader® Early Learning Library's fax: (414) 336-0164.

Library of Congress Cataloging-in-Publication Data

Burstein, John.
    [Using computers. Spanish]
    Usar computadoras : una máquina con ratón / John Burstein.
      p. cm. — (Monstruos matemáticos)
    ISBN 0-8368-6679-7 (lib. bdg.)
    ISBN 0-8368-6694-0 (softcover)
    1. Computers—Juvenile literature.   2. Electronic data processing—,Juvenile literature.
 I. National Council of Teachers of Mathematics. II. Title.
    QA76.23.B8718   2006
    004—dc22
                                                  2005036184

This edition first published in 2006 by
Weekly Reader® Early Learning Library
330 West Olive Street, Suite 100
Milwaukee, WI 53212 USA

Original Math Monsters™ animation: Destiny Images
Art direction, cover design, and page layout: Tammy West
Editor: JoAnn Early Macken
Translators: Tatiana Acosta and Guillermo Gutiérrez

Usted puede enriquecer la experiencia matemática de los niños
ayudándolos cuando aborden la sección Esquina de Preguntas de
este libro. Tenga un cuaderno especial para anotar las ideas
matemáticas que sugieran.

Las computadoras y las matemáticas

Aparatos electrónicos como las calculadoras y las computadoras son
herramientas esenciales para enseñar, aprender y utilizar las matemáticas.

Conoce a los
Monstruos Matemáticos™

SUMITO

Sumito se divierte
como ninguno.
"Resuelvo los problemas
uno a uno."

Restia vuela
de aquí para allá.
"Encuentro respuestas
en cualquier lugar."

RESTIA

Multiplex siempre
piensa por dos.
"Con mis dos cabezas
calculo mejor."

MULTIPLEX

Divi, gran amiga,
te saca de dudas.
"Cuenta conmigo,
si quieres ayuda."

DIVI

Nos encanta que quieras mirar
el libro que te vamos a enseñar.

Cuando lo leas vas a descubrir
que las matemáticas te van a servir.

Comencemos, ¡es hora ya!
Pasa la página, ¡vamos a empezar!

Un día, Big Bill fue al castillo de los Monstruos Matemáticos.
Iba cantando:

"Un regalo llevo aquí,

algo para mis amigos.

Pienso que les va a gustar,

es algo muy divertido."

"¡Caramba!", dijeron los monstruos.
"Gracias. ¿Qué es?"

"A ver si adivinan. ¡Que se diviertan!",
dijo Big Bill, y regresó a su tienda.

*¿Alguna vez
recibiste un regalo
y trataste de
adivinar qué era
antes de abrirlo?*

"¿Será un juguete?", preguntó Divi.

"¿Será una caja grande de golosinas?", preguntó Multiplex.

"Llevémoslo para adentro", dijo Sumito.

Multiplex agarró la caja.

"Pesa mucho", dijo.

¿Qué crees que puede haber en la caja?

Los monstruos abrieron la caja y pusieron el regalo sobre la mesa.

"¡Es una computadora!", dijo Sumito.

"¿Cómo funciona?", preguntó Multiplex.

"Miremos dentro de la caja. A lo mejor ahí encontramos algo que nos pueda ayudar", dijo Restia.

¿Qué podría haber en la caja que ayude a los monstruos?

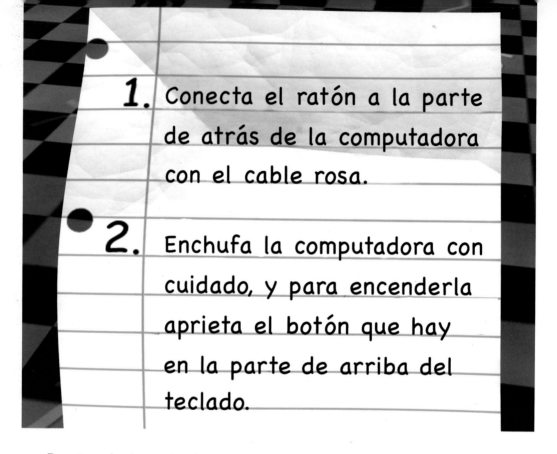

1. Conecta el ratón a la parte de atrás de la computadora con el cable rosa.

2. Enchufa la computadora con cuidado, y para encenderla aprieta el botón que hay en la parte de arriba del teclado.

Dentro de la caja, los monstruos encontraron una nota.

"Esta nota nos explica lo que tenemos que hacer", dijo Divi.

"Lo primero es conectar el ratón."

"¿El ratón?", preguntó Multiplex.
"¿Hay un ratón en la computadora?
Buscaré algo de queso para
que coma."

¿Crees que un
ratón de
computadora
come queso?

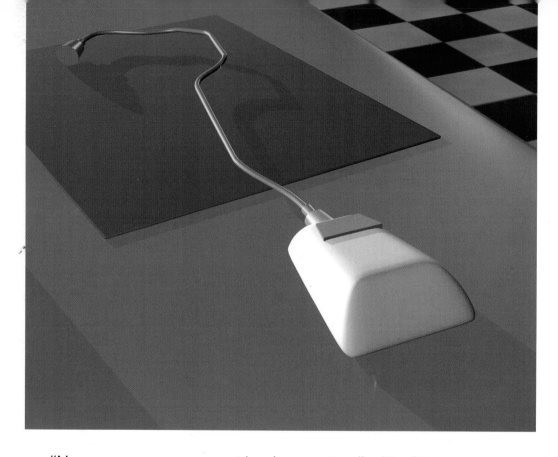

"No creo que sea un ratón de ese tipo", dijo Divi.

"Creo que se trata de esta pequeña pieza blanca", dijo Restia. "Parece un ratón con una larga cola."

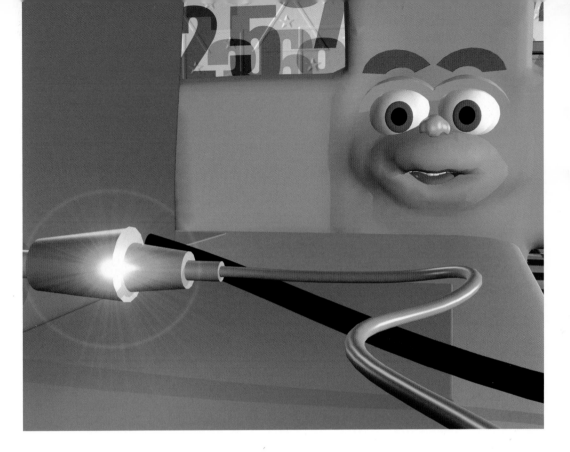

Los monstruos conectaron el ratón
a la computadora.

"¿Y ahora qué?", preguntó Sumito.

¿Qué crees que
harán los
monstruos ahora?

13

"Ahora tenemos que enchufar la computadora", dijo Divi.
"Tenemos que hacerlo con cuidado."

Después, Restia preguntó: "¿Qué hay que hacer ahora?"

"La nota dice que apretemos el botón que hay en la parte
de arriba del teclado", dijo Divi.

"¿Del teclado?", preguntó Multiplex.
"Un piano tiene un teclado. ¿No era
esto una computadora?"

¿A qué tipo de
teclado se refiere
Divi?

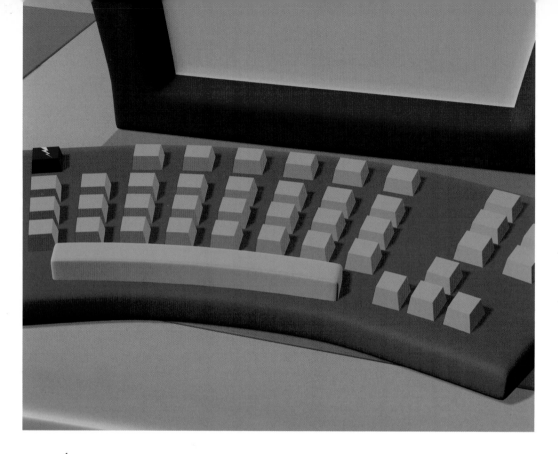

"Éste es el teclado", dijo Sumito. "Estos botones son las teclas."

"¿Cuál es la que enciende la computadora?", preguntó Restia.

"Creo que es la roja", dijo Multiplex.

Multiplex apretó la tecla roja y la computadora se encendió. Los monstruos vieron una fotografía de Big Bill en la pantalla.

"Esto es como una televisión", dijo Restia.

¿En qué se parecen una televisión y una computadora? ¿En qué se diferencian?

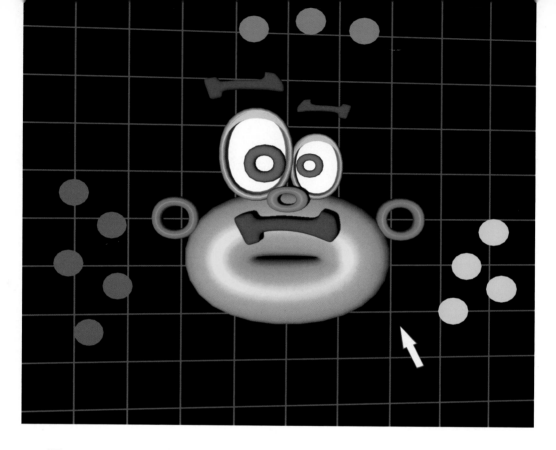

"Tienes razón, Restia. Es como una televisión, pero con una computadora puedes hacer muchas más cosas", dijo Big Bill.

"¿Qué podemos hacer?", preguntó Divi.

"¿Y cómo se hace?", preguntó Sumito.

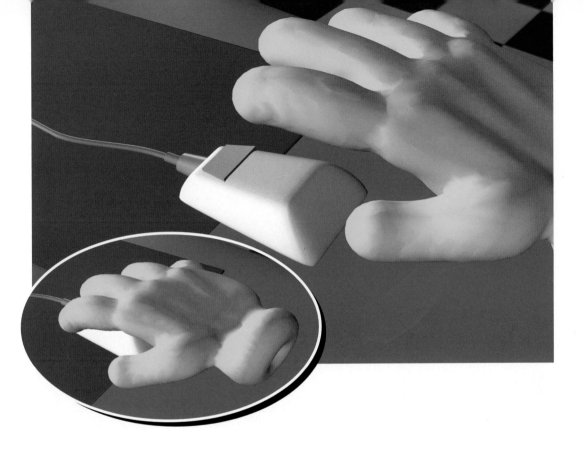

"Primero, tienen que aprender a
mover el ratón y a apretar el botón",
dijo Big Bill, y les enseñó cómo hacerlo.

"Ahora pueden practicar juegos
que los ayudarán a aprender cosas",
dijo Big Bill.

*¿Alguna vez has
jugado un juego
educativo en la
computadora?
¿De qué tipo?*

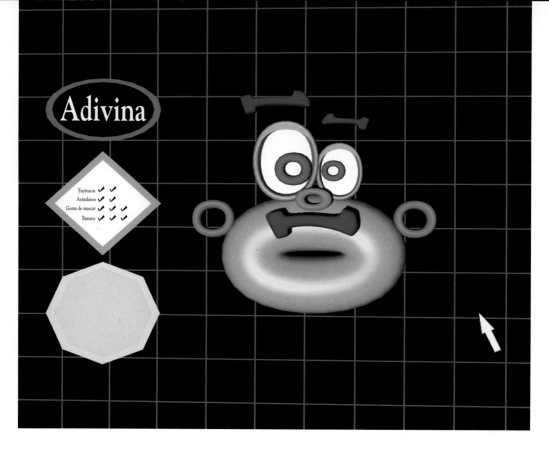

Los monstruos jugaron muchos juegos. Algunos los ayudaron a conocer las figuras geométricas. Otros a estudiar los números. Algunos juegos eran sólo para divertirse.

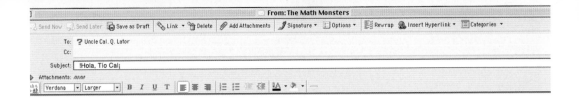

To: Uncle Cal. Q. Lator
Cc:
Subject: !Hola, Tío Cal¡
Attachments: *none*

Verdana Larger **B** *I* <u>U</u> T

Querido Tío Cal,

Éste es nuestro primer mensaje de correo electrónico. Big Bill nos regaló una computadora y estamos aprendiendo a usarla.
¿Cómo estás?

Un abrazo,
Sumito, Restia, Multiplex y Divi

"También pueden usar la computadora para mandar mensajes por correo electrónico", dijo Big Bill.

"¿Qué es eso?", preguntó Restia.

"Son mensajes que envías por la computadora", dijo Big Bill, y les enseñó cómo enviar un mensaje.

¿A quién le enviarías un mensaje por correo electrónico? ¿Qué le dirías?

21

"Pueden usar la computadora para entrar en Internet",
dijo Big Bill. "Allí pueden encontrar muchas cosas."

"¿Podemos aprender cosas sobre el espacio?",
preguntó Restia.

"¿Podemos aprender cómo se hace el chicle?",
preguntó Multiplex.

"Claro que sí", dijo Big Bill. "Les enseñaré cómo encontrar
lo que buscan. Se llama navegar por Internet."

Más tarde, los monstruos salieron. Su perro Basecán aprovechó para usar la computadora. Se divirtió con juegos, navegó por Internet y le envió un correo electrónico a su hermana Zip. Su mensaje decía:

"Una computadora es muy divertida y es útil para toda la vida. Encontrarás juegos, verás trucos nuevos, y la escuela será entretenida."

¿Te gustaría usar una computadora? ¿Para qué la usarías?

ACTIVIDADES

Página 5 Hable con los niños sobre las pistas que usan cuando tratan de adivinar qué hay dentro de una caja. Por ejemplo, deben tener en cuenta el tamaño, la forma y el peso de la caja.

Página 7 Ayude a los niños a usar la pista de que se trata de una caja pesada para que adivinen qué tiene dentro. Hablen sobre las etiquetas y la información que proporcionan.

Página 9 Busque instrucciones que expliquen cómo jugar un juego o cómo armar un juguete. Conversen sobre su utilidad. Predigan lo que podría pasar si no hubiera instrucciones.

Páginas 11, 13, 15, 17, 19 Si bien es posible que los niños sepan usar una computadora, con frecuencia no saben la función de sus distintas partes. Con una computadora de la casa, de la escuela o de la biblioteca guíe a los niños para que sigan los mismos pasos que siguieron los monstruos. Nombre e identifique los componentes y las teclas más importantes. Practique con ellos la utilización del ratón para manipular objetos en la pantalla.

Página 21 Ayude a los niños a enviar un correo electrónico a un amigo o a un familiar. Comiencen con el nombre y la dirección de correo electrónico; luego, escriban el mensaje y envíenlo.

Página 23 Ésta es una buena oportunidad para explorar Internet de manera supervisada y educativa. Invite a los niños a elegir un tema que les interese y ayúdelos a realizar una búsqueda en Internet sobre ese tema. Reúnan direcciones de sus páginas de Internet favoritas e intercámbienlas. Descubran juntos las distintas aplicaciones de una computadora.